ÉTUDE DU COMBAT

EN VUE DE

DÉTERMINER LA FORME THÉORIQUE A DONNER AU COMBAT

DU BATAILLON ENCADRÉ

PAR

le Commandant G. HALLET

PARIS

LIBRAIRIE MILITAIRE R. CHAPELOT ET C⁹

IMPRIMEURS - ÉDITEURS

30, Rue et Passage Dauphine, 30

1906

ÉTUDE DU COMBAT

EN VUE DE

DÉTERMINER LA FORME THÉORIQUE A DONNER AU COMBAT

DU BATAILLON ENCADRÉ

PARIS. — IMPRIMERIE R. CHAPELOT ET C⁰, RUE CHRISTINE, 2.

ÉTUDE DU COMBAT

EN VUE DE

DÉTERMINER LA FORME THÉORIQUE A DONNER AU COMBAT

DU BATAILLON ENCADRÉ

PAR

le Commandant G. HALLET

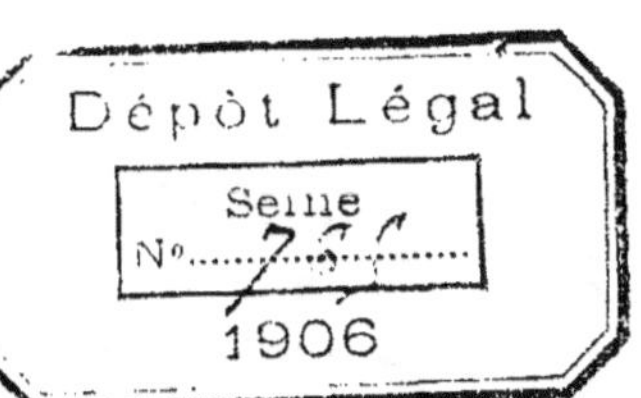

PARIS

LIBRAIRIE MILITAIRE R. CHAPELOT et Cⁱᵉ

IMPRIMEURS-ÉDITEURS

30, Rue et Passage Dauphine, 30

1906

ÉTUDE DU COMBAT

EN VUE DE

DÉTERMINER LA FORME THÉORIQUE A DONNER AU COMBAT

DU BATAILLON ENCADRÉ

Sommaire. — Nécessité d'enseigner à chercher la victoire dans l'offensive. — Forces à faire entrer en jeu dans le combat; leur attribution aux unités tactiques. — Physionomie du combat. — Forme théorique à donner au combat du bataillon encadré. — Répartition des diverses forces qui entrent en jeu dans le combat entre les unités tactiques du régiment et de la brigade. — Conclusion.

Nécessité d'enseigner à chercher la victoire dans l'offensive. — La défensive trouve surtout son moyen d'action dans l'emploi du feu. Les attaques multiples qui se produisent sur son front lui mettent devant les yeux un bandeau qui l'aveugle, l'énerve, la rend anxieuse et la paralyse. Elle subit l'initiative de l'adversaire, et, quand celui-ci lui donne un coup droit, elle n'a plus la force de le parer, ou bien elle arrive trop tard pour la riposte.

Dans l'étude de la guerre de 1870-71 et dans celle des guerres récentes, on n'a vu que rarement le feu décider seul de l'abandon d'une position. A Saint-Privat, des régiments sont restés des heures entières sous un feu terrible sans que personne songeât à se retirer.

Par conséquent, c'est dans la marche en avant aidée par le feu que l'on doit enseigner à chercher la victoire. Plus vite on abordera l'ennemi, moins grandes seront les pertes, moins de chances on aura de laisser tomber le moral du soldat. Sans doute, des bataillons auront à rester sur la défensive entre 800 et 400 mètres de la position ennemie; mais sur un point de la ligne de bataille, front ou flanc, il se produira à un moment donné une poussée formidable, voulue par le commandement, qui brisera l'ossature de la défense et en obligera les tronçons à fuir pour échapper à l'anéantissement.

Vaincre, c'est avoir un but, et l'offensive seule en a un.

Si l'on se reporte à cette guerre du Transvaal, qui a jeté le doute dans les esprits au point de remettre en valeur les procédés néfastes de la défensive, il nous suffira de deux exemples pour montrer que, maintenant comme toujours, c'est dans l'offensive que se trouve le secret du succès.

Le 4 février 1900, dans la nuit, les Anglais, forts de 5 bataillons et 1 compagnie montée, avaient réussi à s'emparer d'une extrémité du plateau de Spion-Kop.

Le matin du 5, ils restent immobiles, bien qu'ils n'aient devant eux, à l'extrémité opposée, qu'une centaine de fusils.

Des commandos, avertis en hâte, arrivent au secours de leurs camarades, laissent leurs chevaux brouter en liberté dans le ravin adossé à la montagne, gravissent les pentes du plateau, s'embusquent, font pleuvoir sur les Anglais une grêle de projectiles, puis, sentant la défense faiblir, se portent instinctivement enavant. L'artillerie anglaise, en batterie de l'autre côté de la Tugela, tire furieusement sur les tirailleurs boërs au moment où ils se découvrent. Mais l'élan est donné; des voix crient : « En avant! » et, rien ne saurait arrêter ces hommes qui sentent que la victoire est à eux. A un moment donné, les Anglais sortent de leurs tranchées. Est-ce pour une contre-attaque qui leur réussira sûrement, puisqu'ils n'ont devant eux qu'un ennemi sans organisation? Non! c'est pour se rendre.

Un mois plus tard, le 7 mars, à la ferme de Popleer-Growe, les Boërs occupent une ligne de kopjes derrière laquelle ils se sentent en sûreté. Bien abrités, tireurs excellents, ils tiennent à distance les minces lignes anglaises qu'ils pourraient facilement percer, s'ils avaient en eux cette volonté de vaincre qui résulte d'une longue et méthodique préparation. Mais ils restent immobiles. Un mouvement offensif s'exécute sur leur flanc gauche. Vers midi, il se produit un flottement à l'extrémité de leur ligne. Ce flottement s'accentue. Les Boërs quittent leurs positions par groupes entiers, rejoignent à la hâte leurs chevaux et se retirent au galop. A 2 heures, la débandade est complète.

Nous croyons donc être dans la vérité en ne considérant que l'offensive pour déterminer les forces qui entrent en jeu dans le combat, en retracer sa physionomie et en déduire la forme théorique à donner au combat du bataillon encadré.

Forces à faire entrer en jeu dans le combat ; leur attribution aux unités tactiques. — Celui qui est appelé à livrer un combat doit posséder la volonté de persuader et de convaincre l'adversaire d'impuissance. Et de même que l'écrivain doit, pour persuader et convaincre, trouver les choses qu'il doit dire, les mettre en ordre et les exprimer, de même l'homme de guerre doit trouver les choses qu'il doit faire, les coordonner dans son esprit et les exécuter, d'où l'invention, la disposition et l'exécution, l'exécution répondant ici à l'élocution qui exige dans le style sublime trois forces en jeu : l'énergie, la véhémence et la magnificence.

Des premiers coups de fusil échangés et des rapports envoyés au commandant en chef sur les positions de l'ennemi, sur les directions de marche de ses colonnes, résultera l'invention, c'est-à-dire le genre de combat que le commandant en chef va livrer ; de ce genre de combat se déduiront les dispositions à prendre, auxquelles succédera l'exécution ou le combat lui-même. Or, l'exécution, devant produire le même résultat que l'élocution, veut comme elle le même nombre de forces, car le combat où l'âme de l'homme est tout entière déployée, c'est du style sublime écrit en lettres de sang.

Nous les exprimerons : une force de résistance, dont l'énergique allure va figer le premier effort de l'ennemi en lui en imposant, c'est l'énergie ; une force de soutien, qui, en augmentant la première, le change en impétuosité, c'est la véhémence ; une force d'entraînement, celle qui, au moment critique de l'action, alors qu'il s'agit de recueillir le fruit de tant d'efforts, s'avance bannières déployées, tambours et clairons battant et sonnant la charge, électrise les courages et fait oublier soi-même pour ne penser qu'aux lauriers à cueillir : cette force, c'est la magnificence.

Ces trois forces seraient insuffisantes si le commandement

n'en avait une autre qui correspond à la voix de l'orateur. C'est que le combat est une œuvre où parle la poudre. Et il en sera de la façon dont on la fait parler, des inflexions qu'on lui donnera suivant les circonstances, comme de l'action chez l'orateur, qui réussira d'autant mieux qu'il prendra plus facilement pour débiter son œuvre les tons qui commandent aux passions dont il voudra paraître animé et qu'il voudra remuer dans les cœurs. Donc, il en faut une autre pour permettre au commandant en chef d'exprimer sa pensée et de toucher droit son adversaire là où il ne l'attendra pas. C'est la force de manœuvre.

En résumé, les forces qui doivent entrer en jeu dans le combat sont :

1º Une force de résistance ou de premier engagement;
2º Une force de soutien;
3º Une force d'entraînement;
4º Une force de manœuvre.

De même que, dans une machine, chaque organe est appelé à produire une ou plusieurs forces, de même, dans une action de guerre, chaque bataillon unité tactique aura à produire un rendement avec le rôle qui lui sera dévolu.

Les deux premières forces se complètent l'une l'autre, puisque la seconde n'est que le réservoir où seront puisés les éléments destinés à maintenir chez la première toute son énergie. C'est donc aux bataillons de première ligne qu'il appartient de les produire.

Si, dès le début du combat, le chef de bataillon ne met qu'une compagnie en chaîne, cette compagnie, en raison du front assez étendu sur lequel aura à s'exercer l'action du bataillon et de l'avantage qu'il y a à éviter le plus longtemps possible le mélange des unités, sera très vraisemblablement et très rapidement prolongée par une deuxième. On peut donc admettre que le bataillon de première ligne aura généralement deux compagnies en chaîne, force de résistance, et deux compagnies en réserve, force de soutien.

Lorsque l'homme a un obstacle à vaincre, il aime à se persuader qu'il ne sera pas seul à produire tout l'effet nécessaire; s'il a un danger à affronter, il se complaît dans cette pensée que, s'il y reste, bien d'autres auront le même sort. En outre, il faut qu'il sache que s'il faiblit, s'il se sauve, il viendra donner au milieu de camarades devant lesquels il ne pourra que rougir, il apparaîtra subitement devant ce tribunal où chefs et soldats flétriront sa lâche conduite. Et plus encore, si le désordre né du mélange des subdivisions au moment de l'assaut lui a fait perdre de sa confiance, il faut que, s'il se tourne à demi, il voie derrière lui une troupe dont l'ordre rassure son courage.

En un mot, le soldat marchant en avant doit savoir qu'il est suivi par une force qui entrera en jeu au moment le plus critique, celui où il est exposé à faiblir, celui aussi où il n'aura plus qu'un effort à faire pour conquérir la victoire.

Pour ces diverses raisons, il faut que la troupe destinée à produire la force d'entraînement soit suffisamment encadrée et suffisamment nombreuse pour être, à elle seule, le tribunal qui juge et la force qui brise ou recueille. Il semble donc logique de l'attribuer aux bataillons de deuxième ligne qui auront avec eux le colonel du régiment et le drapeau.

Sans un étayage suffisant, la ligne de combat serait trop impressionnable et par suite trop faible pour résister au moindre mouvement en avant de la défense.

Étayée comme nous venons de le dire, elle n'aura rien à craindre et elle permettra à la quatrième force, celle de manœuvre, qui reviendra à d'autres bataillons agissant en troisième ligne, de se porter en toute sécurité en face de l'objectif choisi par le commandement suprême pour de là marcher droit devant elle, faire disparaître ce qui reste encore d'hésitation et briser la dernière résistance de l'adversaire.

Sans la force d'entraînement, sans la force de manœuvre, l'on serait réduit à procéder par usure morale, par fatigue, comme l'ont fait les Américains pendant la guerre de la Sécession, où les lignes adverses tiraient de loin sans oser en venir au choc, et où les combats durèrent plusieurs jours, jusqu'à ce que la fatigue et le découragement, quelquefois un faux mouvement, amenassent l'un des partis à céder le terrain.

Opérer ainsi est le fait de troupes sans instruction militaire, sans organisation vraie, sans valeur morale, car ce n'est que lorsqu'on ne craint pas la mort qu'on la fait entrer dans les rangs ennemis.

Physionomie du combat. — Les bataillons de première ligne

ont pris leur formation de combat et se portent en avant. Dans cette marche, ils vont rencontrer différents points qu'il leur faudra enlever. Ce sont les postes avancés de l'ennemi : ici un petit bois, là une maison, plus à droite une croisée de route, plus loin un hameau. L'enlèvement de ces points va donner lieu à une série de petits combats qui seront comme les préliminaires de la bataille. Il appartiendra au chef de bataillon, dans la zone d'action qui lui est confiée, de prescrire à telle ou telle de ses compagnies d'enlever tel ou tel point, et il devra veiller avec un soin scrupuleux à ce que les compagnies de réserve ne soient pas engagées si leur concours n'est pas nécessaire. S'il n'y prend garde, elles se rapprocheront outre mesure, entreront en ligne prématurément, seront une cause de pertes considérables et amèneront la désorganisation du bataillon.

Le point attaqué est-il enlevé et la compagnie qui a mené le combat a-t-elle été fortement éprouvée, le chef de bataillon lui laissera le soin d'organiser ce point chèrement conquis ; il le remplacera sur la ligne de combat ; elle deviendra réserve à son tour, marchera mieux parce qu'il lui est donné un peu de répit et que sa force morale et son élan se trouvent doublés par le résultat qu'elle vient d'obtenir.

Ces combats préliminaires auront eu pour résultat de donner à la ligne de bataille des points d'appui, et, selon une énergique expression, elle se trouvera accrochée au terrain.

La première ligne qui vient de faire un premier effort, va se reporter en avant. Elle continuera sa marche en ne négligeant pas d'utiliser tous les couverts, en se souvenant que si la ligne droite est le plus court chemin, elle n'est pas toujours le plus facile.

D'autres obstacles se présentent-ils devant elle, les bataillons de première ligne vont les briser comme ils ont fait des premiers.

Le bataillon est-il arrêté devant un enclos, un petit parc, c'est un nouveau combat qu'il va livrer. Les ordres du chef de bataillon seront précis : la ᵉ compagnie enlèvera la petite maison de garde qui est au saillant gauche du parc, elle y tiendra jusqu'à ce que la ᵉ compagnie débouche par la porte du parc. Là encore, le chef de bataillon n'emploiera ses réserves que s'il en est nécessaire.

Le bataillon a-t-il été trop éprouvé pour continuer à combattre en première ligne, un bataillon de deuxième ligne le remplacera sur la ligne de combat pendant qu'il se reformera et passera en deuxième ligne.

Cette succession d'efforts amène la ligne de combat à 400 ou 500 mètres de l'adversaire.

Derrière les abris qu'offrent les points conquis, les compagnies de première ligne se déploieront tout entières et ouvriront sur les lignes ennemies un feu meurtrier qui ébranlera leur moral. Elles en sortiront par fractions sous la protection du feu des fractions en position et grâce à l'aliment que leurs donneront les compagnies de réserve ; elles gagneront au pas de course le plus de terrain possible en avant, s'arrêteront à la faveur d'un léger pli de terrain, d'où elles recommenceront un feu intense pour faciliter la marche en avant des échelons plus en arrière.

Les compagnies de réserve pousseront incessamment des fractions sur la ligne et lui donneront l'élan et la force nécessaires pour arriver jusqu'à la distance où l'assaut est possible.

A cette distance, toutes les compagnies du bataillon seront généralement en chaîne.

Cette chaîne, au moment voulu, se précipitera en avant baïonnette basse, poussée, enlevée par les bataillons de deuxième ligne.

Au début de l'action, le bataillon de deuxième ligne se tiendra à grande distance (400 ou 500 mètres) des réserves des bataillons de première ligne dont il dépend, se trouvera tantôt derrière leur centre, tantôt derrière une de leurs ailes, suivant les fluctuations de la lutte et la nécessité des cheminements. Tout en faisant sentir sa présence aux troupes qu'il suit, il aura soin de se dissimuler le plus possible pour échapper aux vues de l'adversaire et à ses corps, de façon à faire, pour ainsi dire, une apparition soudaine qui en imposera au défenseur et affaiblira son moral au bénéfice de celui des troupes assaillantes auxquelles il donnera le dernier élan.

Derrière l'épais et solide rideau formé par les bataillons de première et de deuxième ligne, les bataillons de troisième ligne réunis dans une même main, en tout ou en partie, pour parler la pensée du commandant en chef, auront pu être amenés en dehors des émotions de la lutte rapprochée et à l'insu de l'ennemi en face du point faible de l'adversaire. Ils s'avanceront alors droit devant eux, en ouragan, arriveront au but avant que l'ennemi ait pu édifier une digue capable de les arrêter, produiront sur lui l'effet déconcertant de la surprise, auront raison des dernières hésitations de la ligne amie et rompront l'équilibre de la ligne ennemie en produisant sur elle l'effet d'un boulet qui détruit les œuvres vives d'un vaisseau et le laisse le jouet de la tempête et des flots.

Forme théorique à donner au combat du bataillon encadré. — Ce que nous avons dit précédemment nous montre, en même temps que la nécessité du mouvement en avant aidé par le feu et la manœuvre, celle de l'échelonnement en profondeur, seul capable de permettre aux forces qui entrent en jeu dans le combat de donner le rendement le plus puissant, en leur faisant produire des efforts successifs sans lesquels l'homme, naturellement impressionnable, ne se sentant pas suffisamment soutenu et hanté par l'instinct de la conservation, serait incapable de garder à la tension nécessaire la force morale dont l'absence, ou seulement la tiédeur, ne conduirait qu'à du sur-place, c'est-à-dire à la défaite.

Mais en outre de l'échelonnement en profondeur, il est nécessaire que les formations employées soient souples, largement articulées et peu denses pour réduire à leur minimum les effets du feu de l'artillerie et de l'infanterie.

Sous le feu de l'artillerie, à partir de 4,000 mètres, les compagnies pourront s'avancer avantageusement en ligne de colonnes par deux ou par quatre, et par section, avec des intervalles de 25 mètres au minimum, chaque section opérant pour son propre compte sans pour cela échapper à la direction du capitaine. Les sections qui auront pour une raison quelconque à suivre le sillage des précédentes, devront en rester distantes de 100 mètres au minimum.

Dans la zone des feux de l'infanterie, c'est-à-dire à partir de 2,000 mètres, les sections qui suivront le sillage des précédentes ne devront pas s'en rapprocher à moins de 200 mètres.

Les sections les plus avancées pourront arriver dans cette formation jusqu'à 1000 mètres de la position ennemie.

A cette distance, elles se déploieront en tirailleurs pour gagner rapidement, autant que possible sans tirer, la distance de 800 ou 700 mètres.

A partir de 1000 mètres, les sections de soutien se déploieront de même en tirailleurs.

Dès que le feu sera ouvert, le mouvement en avant continuera à s'exécuter par section, le feu des sections en place facilitant la marche des autres.

Les compagnies de chaîne s'avanceront avec leurs seuls moyens le plus près possible de l'ennemi, c'est-à-dire jusqu'à 400 ou 500 mètres, le capitaine faisant entrer en ligne, au fur et à mesure des besoins, les sections non encore employées.

Grâce à l'action déprimante du feu des compagnies de chaîne sur le moral de l'ennemi, les compagnies de réserve auront pu continuer à s'avancer par sections en colonnes par quatre jusqu'à 300 mètres d'elles. C'est alors qu'elles interviendront pour pousser les compagnies de chaîne jusqu'à distance d'assaut. Leurs sections, quand elles auront à se porter sur la chaîne, se déploieront rapidement en tirailleurs, franchiront au pas de course la distance qui les en sépare ou gagneront de même la ride de terrain derrière laquelle il leur sera permis de reprendre haleine.

Nous diviserons le combat en sept phases, comme il suit :

1° Marche d'approche ;
2° Formation préparatoire de combat ;
3° Engagement ;
4° Préparation de l'attaque ;
5° Attaque ;
6° Assaut ;
7° Poursuite.

Marche d'approche. — A défaut de cavalerie, ce qui sera l'exception, le bataillon se fera avantageusement précéder, jusqu'à ce qu'il ait pris sa formation préparatoire de combat, par quelques petites patrouilles de quatre à cinq hommes commandées chacune par un sous-officier et dirigées par un officier ayant avec lui deux coureurs pour transmettre ses ordres. Ces patrouilles auront pour mission de précéder le bataillon sur les lignes successives du terrain dans les limites de son front d'action, de repousser les patrouilles ennemies et d'éventer les surprises de la cavalerie.

Au delà de 4,000 mètres, le bataillon n'a que peu à craindre de l'artillerie ; la seule préoccupation qu'il doit avoir est d'arriver vite à cette distance où la nécessité des cheminements ralentira naturellement sa marche.

A 4,000 mètres de l'artillerie ennemie, le bataillon s'avance en colonne double en ouvrant largement les intervalles et les distances entre les compagnies ; 100 mètres est un minimum au-dessous duquel on ne pourra descendre que lorsque le terrain donnera des certitudes d'être à l'abri des vues et des coups (*fig.* 1).

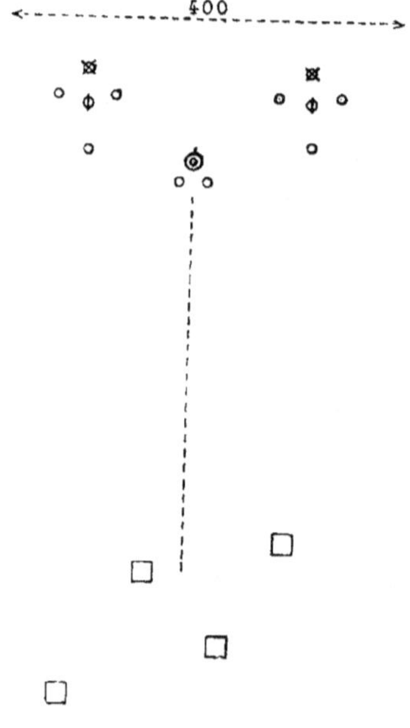

Fig. 1.

Les compagnies cheminent sans trop s'écarter de la direction générale, c'est-à-dire en restant dans les limites du front d'action du bataillon.

Formation préparatoire de combat. — Entre 3,000 et 2,500 mètres, le bataillon prend une formation préparatoire de combat, c'est-à-dire les deux compagnies de tête ouvrant leurs intervalles à 150 ou 200 mètres et disposant leurs sections en première ligne et en soutien. chaque compagnie ayant ordinairement une section en première ligne ou en pointe à 300 mètres en avant des sections de soutien.

Les patrouilles deviennent alors inutiles; elles s'arrêtent dès que cette formation se prend ; elles rentrent à leur unité lorsque celle-ci arrive à leur hauteur (*fig.* 2).

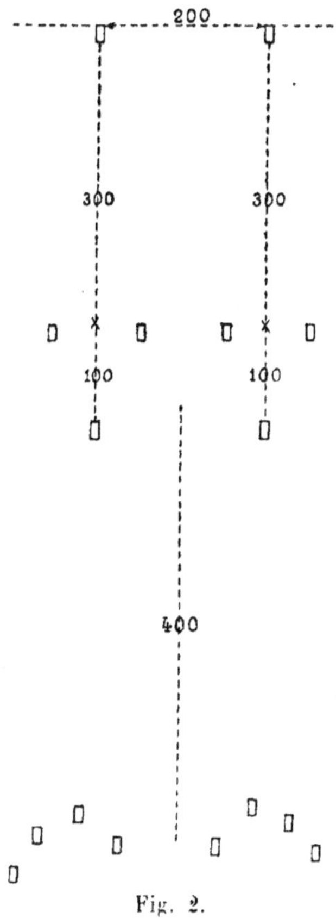

Fig. 2.

Dans cette formation, le capitaine est à même de renforcer facilement sa section de pointe par prolongement soit à droite, soit à gauche; il peut même, le cas échéant, la soutenir sur place par son feu.

Engagement. — A 1000 mètres, les sections de pointe se déploient en tirailleurs, essayent de gagner la distance de 800 ou 700 mètres et ouvrent le feu. Les sections de soutien se sont rapprochées. Elles entrent en jeu successivement, suivant les besoins, et de manière à porter la chaine jusqu'à 300 ou 400 mètres.

La marche en avant s'opère par section, le feu des sections arrêtées protégeant le mouvement des autres (*fig.* 3).

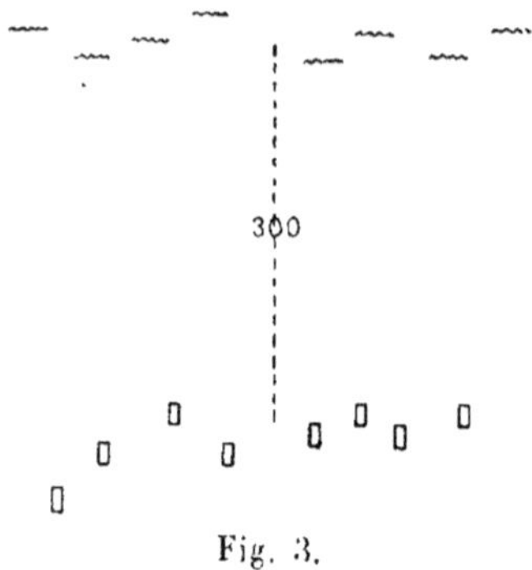

Fig. 3.

Préparation de l'attaque. — Les compagnies de réserve, véritable réservoir destiné à maintenir à son niveau le plus élevé la ligne de feu, interviennent à leur tour. Elles bouchent les vides en se jetant sur la chaine par fractions d'escouades, de demi-sections, de sections, voire même par pelotons entiers, si l'occasion se présente, de façon à ébranler le moral de l'ennemi et à permettre la marche en avant jusqu'à la plus petite distance possible (150 ou 200 mètres) (*fig.* 4).

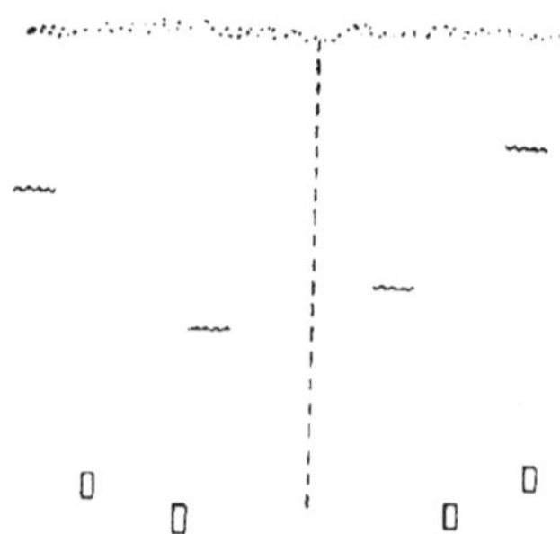

Attaque. — Le feu de tout ce qui est en chaine est porté à son extrême intensité. Ce qui reste des fractions disponibles des compagnies de réserve est jeté sur la chaine et participe au feu pendant que le bataillon de deuxième ligne s'avance rapidement, soit en échelons, soit dans la formation en losange, pour

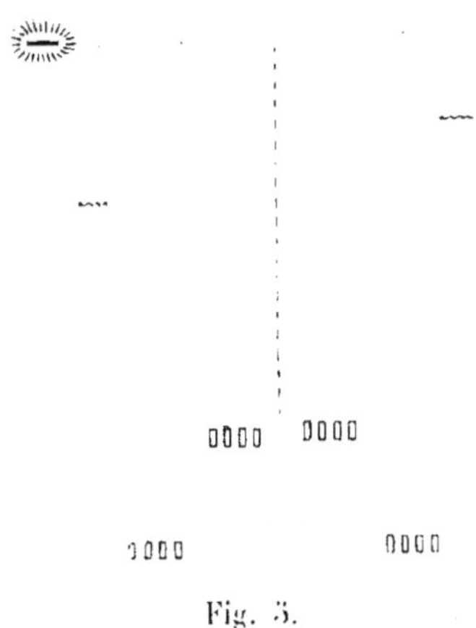

Fig. 5.

enlever la chaine et la porter jusqu'à la position ennemie, chaque compagnie du bataillon de deuxième ligne restant formée en ligne de sections par quatre (*fig.* 5).

Assaut. — Sous la poussée du bataillon de deuxième ligne et le feu des fractions des ailes qui peuvent rester en place, la chaîne se jette sur l'ennemi baïonnette basse (*fig.* 6).

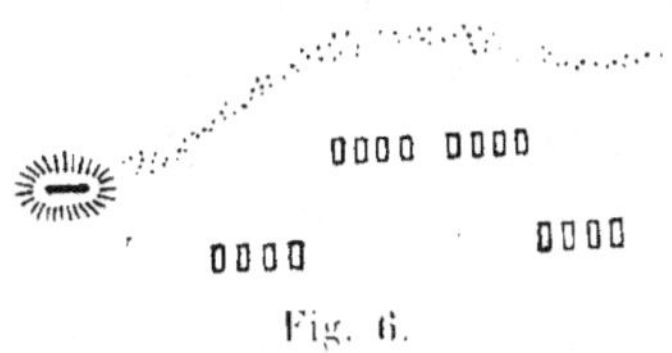

Fig. 6.

Poursuite. — La chaîne se rallie et exécute des feux de poursuite. Le bataillon de deuxième ligne dépasse la chaîne, se déploie et gagne l'extrémité opposée de la position pendant que les compagnies de chaîne sont rassemblées (*fig.* 7).

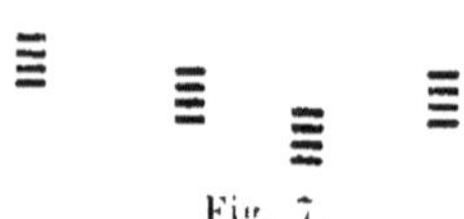

Fig. 7.

Répartition des diverses forces qui entrent en jeu dans le combat entre les unités tactiques du régiment et de la brigade. — La recherche des forces qui entrent en jeu dans une action de guerre et l'étude du rendement qu'elles ont à produire conduisent naturellement à la répartition sur trois lignes des unités tactiques mises à la disposition du commandement.

Sans vouloir prétendre réglementer, entre les divers bataillons d'un régiment ou d'une brigade ayant charge de conduire une action isolée, l'attribution des forces à produire, on peut dire que rationnellement, mais uniquement pour fixer les idées, la formation initiale de ces unités doit comprendre :

Pour le régiment à 3 bataillons :

1re ligne. 1 bataillon force de résistance et de soutien ;

2e — 1 bataillon force d'entraînement ;

3e — 1 bataillon force de manœuvre.

Pour une brigade de 6 bataillons :

1re ligne. 2 bataillons du 1er régiment, force de résistance et de soutien :

2e ligne. 1 bataillon du 1er régiment, force d'entraînement :

3e — 3 bataillons (2e régiment), force de manœuvre.

Mais dans le combat, il est nécessaire de se ménager une dernière réserve pour parer à toutes les éventualités. C'est ainsi que le régiment pourra conserver en dernière réserve une ou deux compagnies ; la brigade, un ou deux bataillons.

CONCLUSION

Le feu seul est insuffisant pour obtenir un résultat décisif. Il est le fait de troupes sans instruction militaire et sans organisation, n'osant pas affronter le danger, croyant en cela s'éviter des pertes cruelles, alors que ce stationnement pendant des heures sous une nappe de plomb amènera par la dépression morale et physique, par la retraite qui s'ensuivra, des pertes autrement grandes que celles qui se produiront dans les rangs d'un adversaire décidé à vaincre, traduisant sa volonté par la marche en avant aidée par le feu.

Le mouvement en avant sous le feu d'un ennemi immobile, c'est la manifestation d'une volonté forte devant une volonté d'apparence timide, que l'inaction énerve et que le courage de l'adversaire finit par paralyser; c'est la chaleur entrainante qui fait oublier le danger devant le froid du sur-place qui laisse libre cours à l'instinct de la conservation ; c'est la hache qui s'ébrèche sur le tronc du chêne résistant, mais finit par le renverser.

Que faut-il pour obtenir ce résultat? Il faut une instruction solide, un entraînement suivi et, entre les chefs et les soldats, cette confiance réciproque qui maintient les courages à la hauteur des plus dures épreuves ; il faut que les chefs possèdent des sentiments élevés, une âme bien trempée au contact de laquelle se réchauffe sans cesse chez les soldats l'amour de la Patrie, sans lequel ce que l'on ferait ne serait que timide et d'avance voué à la mort ; avec lequel ce que l'on fera aura de la vie, sera grand, noble et héroïque.

Paris. — Imprimerie R. CHAPELOT et Cⁱᵉ, 2, rue Christine.

PARIS. — IMPRIMERIE R. CHAPELOT ET Cᵉ, 2, RUE CHRISTINE.